MILEAGE LOG

MAKE:	MODEL:		YEAR:
DATE:	**ODOMETER:** START | END	**TOTAL:**	**DESTINATION /** **PURPOSE:**

I0462833

MILEAGE LOG

MAKE:	MODEL:		YEAR:	
DATE:	ODOMETER: START | END		TOTAL:	DESTINATION / PURPOSE:

MILEAGE LOG

MAKE:		MODEL:		YEAR:
DATE:	**ODOMETER:** **START | END**		**TOTAL:**	**DESTINATION /** **PURPOSE:**

MILEAGE LOG

MAKE:		MODEL:		YEAR:
DATE:	**ODOMETER:** **START | END**		**TOTAL:**	**DESTINATION /** **PURPOSE:**

MILEAGE LOG

MAKE:		MODEL:		YEAR:
DATE:	**ODOMETER:** **START | END**		**TOTAL:**	**DESTINATION /** **PURPOSE:**

MILEAGE LOG

MAKE:	MODEL:		YEAR:	
DATE:	ODOMETER: START | END		TOTAL:	DESTINATION / PURPOSE:

MILEAGE LOG

MAKE:		MODEL:		YEAR:
DATE:	**ODOMETER:** **START | END**		**TOTAL:**	**DESTINATION /** **PURPOSE:**

MILEAGE LOG

MAKE:		MODEL:		YEAR:
DATE:	**ODOMETER:** **START | END**		**TOTAL:**	**DESTINATION /** **PURPOSE:**

MILEAGE LOG

MAKE:		MODEL:		YEAR:
DATE:	**ODOMETER:** **START | END**		**TOTAL:**	**DESTINATION /** **PURPOSE:**

MILEAGE LOG

MAKE:		MODEL:		YEAR:
DATE:	**ODOMETER:** **START | END**		**TOTAL:**	**DESTINATION /** **PURPOSE:**

MILEAGE LOG

MAKE:		MODEL:		YEAR:
DATE:	ODOMETER: START | END		TOTAL:	DESTINATION / PURPOSE:

MILEAGE LOG

MAKE:		MODEL:		YEAR:
DATE:	ODOMETER: START | END		TOTAL:	DESTINATION / PURPOSE:

MILEAGE LOG

MAKE:		MODEL:		YEAR:
DATE:	**ODOMETER:** **START | END**		**TOTAL:**	**DESTINATION /** **PURPOSE:**

MILEAGE LOG

MAKE:		MODEL:		YEAR:
DATE:	**ODOMETER:** **START | END**		**TOTAL:**	**DESTINATION / PURPOSE:**

MILEAGE LOG

MAKE:		MODEL:		YEAR:
DATE:	ODOMETER: START | END		TOTAL:	DESTINATION / PURPOSE:

MILEAGE LOG

MAKE:		MODEL:		YEAR:
DATE:	ODOMETER: START | END		TOTAL:	DESTINATION / PURPOSE:

MILEAGE LOG

MAKE:		MODEL:		YEAR:
DATE:	ODOMETER: START | END		TOTAL:	DESTINATION / PURPOSE:

MILEAGE LOG

MAKE:		MODEL:		YEAR:
DATE:	**ODOMETER:** **START | END**		**TOTAL:**	**DESTINATION /** **PURPOSE:**

MILEAGE LOG

MAKE:		MODEL:		YEAR:

DATE:	ODOMETER: START | END		TOTAL:	DESTINATION / PURPOSE:

MILEAGE LOG

MAKE:		MODEL:		YEAR:
DATE:	**ODOMETER:** **START | END**		**TOTAL:**	**DESTINATION /** **PURPOSE:**

MILEAGE LOG

MAKE:		MODEL:		YEAR:
DATE:	**ODOMETER:** **START | END**		**TOTAL:**	**DESTINATION /** **PURPOSE:**

MILEAGE LOG

MAKE:		MODEL:		YEAR:
DATE:	ODOMETER: START | END		TOTAL:	DESTINATION / PURPOSE:

MILEAGE LOG

MAKE:		MODEL:		YEAR:
DATE:	**ODOMETER:** **START | END**		**TOTAL:**	**DESTINATION /** **PURPOSE:**

MILEAGE LOG

MAKE:	MODEL:		YEAR:	
DATE:	**ODOMETER:** **START | END**		**TOTAL:**	**DESTINATION /** **PURPOSE:**

MILEAGE LOG

MAKE:	MODEL:		YEAR:	
DATE:	ODOMETER: START | END		TOTAL:	DESTINATION / PURPOSE:

MILEAGE LOG

MAKE:		MODEL:		YEAR:
DATE:	ODOMETER: START | END		TOTAL:	DESTINATION / PURPOSE:

MILEAGE LOG

MAKE:		MODEL:		YEAR:
DATE:	**ODOMETER:** **START | END**		**TOTAL:**	**DESTINATION /** **PURPOSE:**

MILEAGE LOG

MAKE:	MODEL:		YEAR:	
DATE:	ODOMETER: START | END		TOTAL:	DESTINATION / PURPOSE:

MILEAGE LOG

MAKE:		MODEL:		YEAR:
DATE:	ODOMETER: START | END		TOTAL:	DESTINATION / PURPOSE:

MILEAGE LOG

MAKE:		MODEL:		YEAR:
DATE:	**ODOMETER:** **START | END**		**TOTAL:**	**DESTINATION /** **PURPOSE:**

MILEAGE LOG

MAKE:		MODEL:		YEAR:
DATE:	**ODOMETER:** START | END		**TOTAL:**	**DESTINATION / PURPOSE:**

MILEAGE LOG

MAKE:		MODEL:		YEAR:
DATE:	**ODOMETER:** **START | END**		**TOTAL:**	**DESTINATION /** **PURPOSE:**

MILEAGE LOG

MAKE:		MODEL:		YEAR:
DATE:	**ODOMETER:** **START | END**		**TOTAL:**	**DESTINATION /** **PURPOSE:**

MILEAGE LOG

MAKE:		MODEL:		YEAR:
DATE:	ODOMETER: START | END		TOTAL:	DESTINATION / PURPOSE:

MILEAGE LOG

MAKE:		MODEL:		YEAR:
DATE:	**ODOMETER:** START | END		**TOTAL:**	**DESTINATION / PURPOSE:**

MILEAGE LOG

MAKE:		MODEL:		YEAR:
DATE:	**ODOMETER:** **START | END**		**TOTAL:**	**DESTINATION /** **PURPOSE:**

MILEAGE LOG

MAKE:		MODEL:		YEAR:
DATE:	**ODOMETER:** **START | END**		**TOTAL:**	**DESTINATION /** **PURPOSE:**

MILEAGE LOG

MAKE:	MODEL:		YEAR:	
DATE:	ODOMETER: START | END		TOTAL:	DESTINATION / PURPOSE:

MILEAGE LOG

MAKE:		MODEL:		YEAR:
DATE:	**ODOMETER:** **START | END**		**TOTAL:**	**DESTINATION /** **PURPOSE:**

MILEAGE LOG

MAKE:		MODEL:		YEAR:
DATE:	ODOMETER: START | END		TOTAL:	DESTINATION / PURPOSE:

MILEAGE LOG

MAKE:		MODEL:		YEAR:
DATE:	ODOMETER: START | END		TOTAL:	DESTINATION / PURPOSE:

MILEAGE LOG

MAKE:		MODEL:		YEAR:
DATE:	**ODOMETER:** **START | END**		**TOTAL:**	**DESTINATION /** **PURPOSE:**

MILEAGE LOG

MAKE:		MODEL:		YEAR:
DATE:	**ODOMETER: START | END**		**TOTAL:**	**DESTINATION / PURPOSE:**

MILEAGE LOG

MAKE:		MODEL:		YEAR:
DATE:	ODOMETER: START | END		TOTAL:	DESTINATION / PURPOSE:

MILEAGE LOG

MAKE:		MODEL:		YEAR:
DATE:	**ODOMETER:** **START | END**		**TOTAL:**	**DESTINATION /** **PURPOSE:**

MILEAGE LOG

MAKE:	MODEL:		YEAR:	
DATE:	ODOMETER: START | END		TOTAL:	DESTINATION / PURPOSE:

MILEAGE LOG

MAKE:		MODEL:		YEAR:
DATE:	**ODOMETER:** **START | END**		**TOTAL:**	**DESTINATION /** **PURPOSE:**

MILEAGE LOG

MAKE:		MODEL:		YEAR:
DATE:	ODOMETER: START | END		TOTAL:	DESTINATION / PURPOSE:

MILEAGE LOG

MAKE:		MODEL:		YEAR:
DATE:	**ODOMETER:** **START | END**		**TOTAL:**	**DESTINATION /** **PURPOSE:**

MILEAGE LOG

MAKE:		MODEL:		YEAR:
DATE:	**ODOMETER:** **START | END**		**TOTAL:**	**DESTINATION /** **PURPOSE:**

MILEAGE LOG

MAKE:		MODEL:		YEAR:
DATE:	ODOMETER: START | END		TOTAL:	DESTINATION / PURPOSE:

MILEAGE LOG

MAKE:		MODEL:		YEAR:
DATE:	ODOMETER: START | END		TOTAL:	DESTINATION / PURPOSE:

MILEAGE LOG

MAKE:		MODEL:		YEAR:
DATE:	ODOMETER: START | END		TOTAL:	DESTINATION / PURPOSE:

MILEAGE LOG

MAKE:		MODEL:		YEAR:
DATE:	ODOMETER: START | END		TOTAL:	DESTINATION / PURPOSE:

MILEAGE LOG

MAKE:		MODEL:		YEAR:
DATE:	**ODOMETER:** **START | END**		**TOTAL:**	**DESTINATION /** **PURPOSE:**

MILEAGE LOG

MAKE:		MODEL:		YEAR:
DATE:	ODOMETER: START | END		TOTAL:	DESTINATION / PURPOSE:

MILEAGE LOG

MAKE:		MODEL:		YEAR:
DATE:	ODOMETER: START | END		TOTAL:	DESTINATION / PURPOSE:

MILEAGE LOG

MAKE:		MODEL:		YEAR:
DATE:	ODOMETER: START | END		TOTAL:	DESTINATION / PURPOSE:

MILEAGE LOG

MAKE:		MODEL:		YEAR:
DATE:	**ODOMETER:** **START | END**		**TOTAL:**	**DESTINATION / PURPOSE:**

MILEAGE LOG

MAKE:	MODEL:		YEAR:
DATE:	**ODOMETER:** **START | END**	**TOTAL:**	**DESTINATION /** **PURPOSE:**

MILEAGE LOG

MAKE:	MODEL:		YEAR:	
DATE:	ODOMETER: START | END		TOTAL:	DESTINATION / PURPOSE:

MILEAGE LOG

MAKE:		MODEL:		YEAR:
DATE:	ODOMETER: START | END		TOTAL:	DESTINATION / PURPOSE:

MILEAGE LOG

MAKE:		MODEL:		YEAR:
DATE:	**ODOMETER:** **START | END**		**TOTAL:**	**DESTINATION /** **PURPOSE:**

MILEAGE LOG

MAKE:	MODEL:		YEAR:	
DATE:	ODOMETER: START | END		TOTAL:	DESTINATION / PURPOSE:

MILEAGE LOG

MAKE:		MODEL:		YEAR:
DATE:	**ODOMETER:** **START | END**		**TOTAL:**	**DESTINATION / PURPOSE:**

MILEAGE LOG

MAKE:		MODEL:		YEAR:
DATE:	ODOMETER: START | END		TOTAL:	DESTINATION / PURPOSE:

MILEAGE LOG

MAKE:		MODEL:		YEAR:
DATE:	ODOMETER: START | END		TOTAL:	DESTINATION / PURPOSE:

MILEAGE LOG

MAKE:		MODEL:		YEAR:
DATE:	ODOMETER: START | END		TOTAL:	DESTINATION / PURPOSE:

MILEAGE LOG

MAKE:		MODEL:		YEAR:
DATE:	**ODOMETER:** **START | END**		**TOTAL:**	**DESTINATION /** **PURPOSE:**

MILEAGE LOG

MAKE:		MODEL:		YEAR:

DATE:	ODOMETER: START | END		TOTAL:	DESTINATION / PURPOSE:

MILEAGE LOG

MAKE:		MODEL:		YEAR:

DATE:	ODOMETER: START | END		TOTAL:	DESTINATION / PURPOSE:

MILEAGE LOG

MAKE:		MODEL:		YEAR:
DATE:	**ODOMETER:** **START | END**		**TOTAL:**	**DESTINATION /** **PURPOSE:**

MILEAGE LOG

MAKE:		MODEL:		YEAR:
DATE:	**ODOMETER:** **START | END**		**TOTAL:**	**DESTINATION /** **PURPOSE:**

MILEAGE LOG

MAKE:		MODEL:		YEAR:
DATE:	**ODOMETER:** **START | END**		**TOTAL:**	**DESTINATION / PURPOSE:**

MILEAGE LOG

MAKE:		MODEL:		YEAR:	
DATE:	ODOMETER: START | END		TOTAL:	DESTINATION / PURPOSE:	

MILEAGE LOG

MAKE:		MODEL:		YEAR:
DATE:	ODOMETER: START | END		TOTAL:	DESTINATION / PURPOSE:

MILEAGE LOG

MAKE:		MODEL:		YEAR:
DATE:	ODOMETER: START | END		TOTAL:	DESTINATION / PURPOSE:

MILEAGE LOG

MAKE:		MODEL:		YEAR:
DATE:	**ODOMETER: START | END**		**TOTAL:**	**DESTINATION / PURPOSE:**

MILEAGE LOG

MAKE:		MODEL:		YEAR:
DATE:	ODOMETER: START | END		TOTAL:	DESTINATION / PURPOSE:

MILEAGE LOG

MAKE:		MODEL:		YEAR:
DATE:	ODOMETER: START | END		TOTAL:	DESTINATION / PURPOSE:

MILEAGE LOG

MAKE:	MODEL:	YEAR:

DATE:	ODOMETER: START | END		TOTAL:	DESTINATION / PURPOSE:

MILEAGE LOG

MAKE:		MODEL:		YEAR:
DATE:	ODOMETER: START | END		TOTAL:	DESTINATION / PURPOSE:

MILEAGE LOG

MAKE:		MODEL:		YEAR:
DATE:	**ODOMETER:** **START | END**		**TOTAL:**	**DESTINATION /** **PURPOSE:**

MILEAGE LOG

MAKE:		MODEL:		YEAR:
DATE:	**ODOMETER:** **START | END**		**TOTAL:**	**DESTINATION /** **PURPOSE:**

MILEAGE LOG

MAKE:		MODEL:		YEAR:
DATE:	ODOMETER: START | END		TOTAL:	DESTINATION / PURPOSE:

MILEAGE LOG

MAKE:		MODEL:		YEAR:
DATE:	ODOMETER: START | END		TOTAL:	DESTINATION / PURPOSE:

MILEAGE LOG

MAKE:		MODEL:		YEAR:
DATE:	ODOMETER: START | END		TOTAL:	DESTINATION / PURPOSE:

MILEAGE LOG

MAKE:		MODEL:		YEAR:

DATE:	ODOMETER: START | END		TOTAL:	DESTINATION / PURPOSE:

MILEAGE LOG

MAKE:		MODEL:		YEAR:
DATE:	**ODOMETER:** **START | END**		**TOTAL:**	**DESTINATION / PURPOSE:**

MILEAGE LOG

MAKE:		MODEL:		YEAR:
DATE:	ODOMETER: START | END		TOTAL:	DESTINATION / PURPOSE:

MILEAGE LOG

MAKE:		MODEL:		YEAR:

DATE:	ODOMETER: START | END		TOTAL:	DESTINATION / PURPOSE:

MILEAGE LOG

MAKE:		MODEL:		YEAR:
DATE:	ODOMETER: START | END		TOTAL:	DESTINATION / PURPOSE:

MILEAGE LOG

MAKE:		MODEL:		YEAR:
DATE:	**ODOMETER:** **START | END**		**TOTAL:**	**DESTINATION /** **PURPOSE:**

MILEAGE LOG

MAKE:		MODEL:		YEAR:
DATE:	ODOMETER: START | END		TOTAL:	DESTINATION / PURPOSE:

MILEAGE LOG

MAKE:		MODEL:		YEAR:
DATE:	**ODOMETER:** **START | END**		**TOTAL:**	**DESTINATION /** **PURPOSE:**

MILEAGE LOG

MAKE:		MODEL:		YEAR:
DATE:	ODOMETER: START | END		TOTAL:	DESTINATION / PURPOSE:

MILEAGE LOG

MAKE:		MODEL:		YEAR:
DATE:	**ODOMETER:** **START | END**		**TOTAL:**	**DESTINATION /** **PURPOSE:**

MILEAGE LOG

MAKE:		MODEL:		YEAR:
DATE:	**ODOMETER:** **START | END**		**TOTAL:**	**DESTINATION /** **PURPOSE:**

MILEAGE LOG

MAKE:		MODEL:		YEAR:
DATE:	**ODOMETER:** **START | END**		**TOTAL:**	**DESTINATION /** **PURPOSE:**

MILEAGE LOG

MAKE:		MODEL:		YEAR:
DATE:	**ODOMETER:** **START | END**		**TOTAL:**	**DESTINATION / PURPOSE:**

MILEAGE LOG

MAKE:		MODEL:		YEAR:
DATE:	**ODOMETER:** **START | END**		**TOTAL:**	**DESTINATION /** **PURPOSE:**

MILEAGE LOG

MAKE:		MODEL:		YEAR:
DATE:	**ODOMETER:** **START	END**		**TOTAL:**	**DESTINATION /** **PURPOSE:**

MILEAGE LOG

MAKE:		MODEL:		YEAR:
DATE:	**ODOMETER:** **START | END**		**TOTAL:**	**DESTINATION /** **PURPOSE:**

MILEAGE LOG

MAKE:		MODEL:		YEAR:
DATE:	**ODOMETER:** **START | END**		**TOTAL:**	**DESTINATION /** **PURPOSE:**

MILEAGE LOG

MAKE:		MODEL:		YEAR:
DATE:	**ODOMETER:** **START | END**		**TOTAL:**	**DESTINATION /** **PURPOSE:**

MILEAGE LOG

MAKE:		MODEL:		YEAR:
DATE:	**ODOMETER: START | END**		**TOTAL:**	**DESTINATION / PURPOSE:**

MILEAGE LOG

MAKE:		MODEL:		YEAR:
DATE:	ODOMETER: START | END		TOTAL:	DESTINATION / PURPOSE:

MILEAGE LOG

MAKE:		MODEL:		YEAR:
DATE:	ODOMETER: START | END		TOTAL:	DESTINATION / PURPOSE:

MILEAGE LOG

MAKE:		MODEL:		YEAR:
DATE:	**ODOMETER:** **START | END**		**TOTAL:**	**DESTINATION /** **PURPOSE:**

MILEAGE LOG

MAKE:		MODEL:		YEAR:
DATE:	**ODOMETER:** **START | END**		**TOTAL:**	**DESTINATION /** **PURPOSE:**